LE
CHAT NOIR,

VAUDEVILLE EN UN ACTE,

PAR

M. DUPIN,

REPRÉSENTÉ POUR LA PREMIÈRE FOIS A PARIS, SUR LE THÉATRE DU PALAIS-ROYAL,
LE 6 FÉVRIER 1839.

PRIX : 30 CENTIMES.

PARIS.

MARCHANT, ÉDITEUR, BOULEVART SAINT-MARTIN, 12.

BRUXELLES.

A LA LIBRAIRIE BELGE-FRANÇAISE, MONTAGNE DE LA COUR, 26.

1839

LE CHAT NOIR,

VAUDEVILLE EN UN ACTE,

PAR

M. DUPIN, *(Jean-Henri)*

REPRÉSENTÉ POUR LA PREMIÈRE FOIS A PARIS, SUR LE THÉATRE DU PALAIS-ROYAL, LE 6 FÉVRIER 1839.

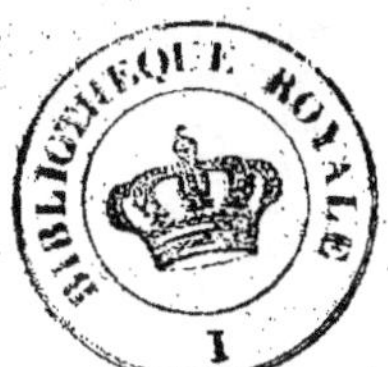

PERSONNAGES.	ACTEURS.	PERSONNAGES.	ACTEURS.
KERJOBEC, boulanger, aubergiste..............	M. ALCIDE TOUSEZ.	GENEVIÈVE, sa nièce......	Mlle CLARISSE.
THÉRÈSE, sa femme......	Mme LEMÉNIL.	FANFARE, charlatan.......	M. ACHARD.

La scène est dans un village de la Bretagne.

Une chambre, un lit, porte au fond et portes latérales de chaque côté, à gauche une fenêtre.

SCENE PREMIERE.

THÉRÈSE, FANFARE, *donnant le bras à Thérèse et portant sa calamande et un pot de beurre sous l'autre bras.*

FANFARE, *à la cantonade.* Puisque Madame veut bien nous donner l'hospitalité... L'Eclair, vous remiserez notre calèche... et...

THÉRÈSE, *à part.* C'est quelque grand seigneur...

FANFARE. Et mettez à l'écurie nos deux chevaux anglais...

THÉRÈSE. C'est quelque pair d'Angleterre, donnez donc, mylord.. je ne souffrirai pas que vous vous donniez la peine de porter ma calemande et ce pot de beurre.

FANFARE. C'est mon devoir.

Il chante.

> Rester à la gloire fidèle,
> Des belles porter les paquets, etc.

Je déclare ce pot à beurre excessivement lourd... beurre de Bretagne, n'est-ce pas... nous sommes dans le pays?

THÉRÈSE. A six lieues de Quimper-Corentin.

FANFARE. Région superbe.... rochers affreux... nature sauvage... Je ne parle pas des femmes qui peuplent et embellissent le désert de la vie... et le désert en est très-peuplé... si j'en crois la foule des jeunes indigènes et des naturels du pays qui suivaient notre voiture en demandant un sou...

THÉRÈSE. C'est leur usage...

FANFARE. Et leur manière d'entendre l'hospitalité... je sais ce que c'est.

THÉRÈSE. Monsieur voyage beaucoup?

FANFARE. Je ne fais que ça... philosophe nomade, philanthrope vagabond, toujours sur la grande route, sans compter les traverses... qui, grâce au ciel, ne m'ont jamais manqué: je me livre par goût à l'étude des arts et à celle des langues... et j'ai voulu commencer par le bas-breton... langue superbe!... langue mère!...

THÉRÈSE. En vérité?...

FANFARE. On ne parle que cela à Paris... Ouvrages nouveaux, drames modernes, poésies bibliques, fantastiques, mystiques, bas-breton, pur bas-breton! Vos paysans seraient tous des littérateurs distingués, et n'auraient qu'à ouvrir la bouche et feraient du génie sans s'en douter... en parlant patois...

THÉRÈSE. Vous le parlez pas mal.

FANFARE. Je commence... j'ai l'accent...

THÉRÈSE. Vous le parlez surtout d'une manière fort aimable...

FANFARE. Vous me faites rougir.

THÉRÈSE. C'est moi qui devrais être honteuse... d'avoir accepté ainsi sur-le-champ... et sans façon... une place dans votre bel équipage...

FANFARE. Et pourquoi donc?... à l'auberge du Cheval Rouge... à Quimper-Corentin... pendant que je faisais atteler... votre nom m'avait frappé... votre vue encore plus... J'avais déjà demandé quelle est cette jolie femme?... Madame Kerjobec la boulangère... La boulangère qui a des écus?... Certainement, elle est très-riche... Elle est venue au marché aujourd'hui faire ses provisions et retourne à une auberge qu'elle tient à six lieues d'ici... à Kocardo... Le village de Kocardo, m'écriai-je... village renommé pour la douceur de ses mœurs et la dureté de ses rochers, qui ont servi de piédestal à l'obélisque de Luxor!.. Commune remarquable par l'amabilité des femmes, l'abondance des bêtes à cornes... et la simplicité des habitans... C'est là que j'allais, et vous vous dirigiez de ce côté... Pouvais-je vous laisser à pied... quand je me carrais seul dans une calèche à six places... C'eût été scandaleux, indécent... Or je suis, vous le savez, l'ami de la décence, et je vous ramène chez M. Kerjobec, votre mari, intacte et franche de port...

THÉRÈSE. Si ce n'est ce baiser que vous m'avez pris...

FANFARE. L'ai-je pris?

THÉRÈSE. Eh bien! par exemple...

FANFARE. Comme vous voudrez... Si ça vous fâche, je suis prêt à le rendre... car je ne vous quitte plus... je m'établis chez vous.

THÉRÈSE. Et mon mari, monsieur... et ma nièce!...

FANFARE. Ah! vous avez une nièce...

THÉRÈSE. Une jeune fille à marier... Ce qui ne tardera pas...

FANFARE, vivement. En vérité!... Il en est question; je fais fort bien d'arriver, je serai de la noce..., je serai votre cavalier... votre attentif...

THÉRÈSE. Et ma réputation, monsieur...

FANFARE. Et s'il n'y a rien à dire... vous

ne pouvez pas m'empêcher de rester chez vous... C'est une auberge... une hôtellerie, je m'y établis, j'y prends domicile...

THÉRÈSE, à part. Chez moi un mylord... un monsieur à voiture... La voisine du Plat d'argent en mourra de dépit : elle qui ne reçoit que des piétons ou des rouliers... (Haut.) Comme vous voudrez... monsieur... Mais je vous demande bien pardon... Je suis obligée de m'occuper de ma maison... de mon mari qui est au four en ce moment, et ce n'est pas moi... c'est ma nièce qui vous servira...

FANFARE, à part. C'est bien ce que je veux... (Haut.) Quelle cruauté!

AIR : *Deux Reines*.

Gentille boulangère,
Même avec vos amis
Et plus dure et plus fière
Que les rocs du pays!...
Comment ne pas vous rendre
A nos vœux délicats...
Quand on vend du pain tendre,
Pourquoi ne l'être pas?..........

SCENE II.

LES MÊMES, GENEVIÈVE.

GENEVIÈVE. Au chat!... au chat!... au chat!...

THÉRÈSE. Qu'est-ce donc?

GENEVIÈVE. C'est ce vilain chat noir de la voisine qui vient de m'emporter une côtelette qui était sur le gril...

THÉRÈSE. C'est bon, c'est bon, on la lui fera payer... Voici un voyageur qui désire peut-être se rafraîchir... là, dans mon armoire, cette vieille eau-de-vie ou du curaçao... Donnez-lui tout ce qu'il voudra.

GENEVIÈVE. Oui, ma tante.

Thérèse sort.

SCENE III.

FANFARE, GENEVIÈVE.

GENEVIÈVE. Sans doute c'est ce riche seigneur, ce prince étranger...

FANFARE, *lui prenant la taille*. Ma petite Geneviève!...

GENEVIÈVE. Est-il possible! Cyprien!...

ENSEMBLE.

FANFARE *et* GENEVIÈVE.

AIR : *Voyez donc quelle audace* (Figurante).

Quel plaisir! quelle ivresse!

Ma gentille maîtresse,
Fidèle à ma tendresse,
Sur mon cœur je te presse,
O moment enchanteur !
Voilà ce qui compense
Les chagrins de l'absence,
Et c'est de la constance
Le prix doux et flatteur.

FANFARE. Geneviève, mes amours ! à qui j'avais juré d'être fidèle et de faire fortune,...

GENEVIÈVE. Et tu as tenu parole ?..

FANFARE. Pour la fidélité... oui... mais pour le reste,.. c'est selon...

GENEVIÈVE. Toi qui as une voiture... des valets galonnés... (montrant la chaîne qu'il porte) des chaînes d'or !...

FANFARE. Attends donc !... tout ce qui reluit... est souvent du chrysocale... Je t'aimais... je t'aime toujours, parce que les Bretons sont entêtés... mais en Bretagne comme ailleurs, tout le monde à présent veut des millions... et quand tu as eu écrit ici à ta famille, à Kocardo, qu'il se présentait un parti convenable, un garçon d'auberge, joli garçon qui n'avait que sa figure... ton oncle Kérjobec, le boulanger, qui est un jobard, a refusé net... sans vouloir même me voir, et ta tante la boulangère a déclaré qu'elle ne te donnerait pas cinq francs de dot, si tu faisais un pareil choix... un mauvais sujet... un niais,.. un imbécile... Elle te l'a écrit, je l'ai lu...

GENEVIÈVE. C'est vrai.

FANFARE. Voilà comme on juge les gens sans les connaître !... Alors, Geneviève, qu'est-ce que je t'ai dit ?... Il faut que je fasse ma fortune... Il se présente une occasion : un Anglais, un mylord qui vient de débarquer à notre auberge avec un train magnifique, me propose de m'emmener dans sa voiture, de m'y conduire à la gloire sans me faire payer ma place, et de me ramener idem... Ça t'a séduit, moi aussi... et je suis parti en jurant que je mourrais ou que je reviendrais millionnaire...

GENEVIÈVE. Eh bien ?

FANFARE. Je ne suis pas mort, et je n'ai pas le sou...

GENEVIÈVE. Et ce mylord ?..

FANFARE. Ce mylord était un marchand de cirage...

GENEVIÈVE. Qui t'avait pris pour associé ?...

FANFARE. Qui m'avait pris pour son domestique... C'est moi qui jouais de la trompette devant lui... et j'ose dire que nous avons fait diablement du bruit...

moi et mon maître,.. un habile homme... adroit empirique... grand charlatan..., avec qui j'arrivai à Paris...

GENEVIÈVE. C'était le bon endroit.

FANFARE. Pas du tout... Il arrivait pour briller, et se trouva confondu dans la foule... Il avait là tant de confrères escamoteurs... de toutes sortes, faiseurs de dupes... hameçons à jobards, depuis les bitumes et les chemins de fer... jusqu'aux recettes pour faire des grands hommes et détruire les hannetons... Mon maître croyait inventer une nouvelle colle... un nouveau puff... un autre y avait songé la veille !.. Mon maître n'avait qu'une trompette, c'était la mienne... les autres en avaient deux cents... tous les journaux de la capitale, qui criaient : « C'est superbe ! Achetez !.. achetez !... prrrrrrrrenez mon ours...! » Et un beau matin, nous voulûmes prendre la poudre d'escampette à l'usage des entrepreneurs malheureux.... mais mon maître, pincé par ses créanciers, n'eut que le temps de m'écrire : « Sauve les bagages... » ce que je fis au plus vite... emmenant notre équipage, nos fioles et nos recettes de toute espèce... de plus, un aplomb à l'épreuve de la bombe et un bagout éternel, seuls appointemens que j'aie gagnés à son service...

GENEVIÈVE. Ainsi cette belle voiture et ces chevaux...

FANFARE. Sont encore à mon maître... Il faut avant tout être honnête homme... Je trompe le public pour son compte, et nous partageons les bénéfices, quand il y en a... Commis charlatan voyageur, il m'a dit : « Cours la province... fais des jobards dans les départemens... » Et naturellement je devais la préférence à ma patrie. Je me suis dirigé vers la Bretagne et vers mes amours, m'arrêtant dans toutes les villes et villages... m'emparant de toutes les places... les places publiques, et sous le nom de M. Fanfare, étourdissant mes compatriotes...

GENEVIÈVE. Avec succès ?..

FANFARE. Ah ! bien oui !.. vantez donc le cirage anglais à nos paysans bretons, qui vont pieds nus !... Il m'a fallu ajouter, à leur usage, une nouvelle branche d'industrie... la divination, la bonne aventure, les recettes pour détruire les sorts, guérir les bestiaux, rendre les femmes fidèles, ou apprendre aux maris quand elles ne le sont pas... voilà les objets qui jusqu'à présent ont eu le plus de débit ; voilà comment j'ai vécu, et comment je viens près de toi à marches forcées... cinq lieues par jour...

GENEVIÈVE. Eh bien ! mon pauvre garçon, tes chevaux n'ont pas encore été assez vite...

FANFARE. Que veux-tu dire ?

GENEVIÈVE. Que tu arrives trop tard... On me marie demain...

FANFARE. Pas possible !...

GENEVIÈVE. Avec le maire...

FANFARE. Le maire de Kocardo ?..

GENEVIÈVE. C'est ma tante la boulangère qui a arrangé cela... parce que mon oncle est jobard, jobard !.. on lui fait accroire tout ce qu'on veut... et il passe même pour bête ici dans le pays.. où ils le sont tous...

FANFARE. Je ferai changer d'idée à ta tante... Elle me prend déjà pour un pair d'Angleterre... et elle qui disait tant de mal de moi sans me connaître... se trouvera entraînée, subjuguée, séduite...

GENEVIÈVE. Pas trop pourtant.

FANFARE. Juste ce qu'il faudra... J'y mets de l'amour-propre... et ça commence déjà.

GENEVIÈVE. C'est vrai !... elle m'a dit d'un air si gracieux de te servir... et si tu veux dîner, cela se trouve mal... je ne puis t'offrir qu'une côtelette.... Le maudit chat de tout-à-l'heure a mangé l'autre.

FANFARE. Je n'ai pas faim... de simples liquides... Un petit verre d'eau-de-vie me suffira pour monter mon imagination.

GENEVIÈVE, *allant à l'armoire.* Voilà toute la bouteille à ton service...

FANFARE. Amante adorable... (*Il va pour lui baiser la main.*) Qu'est-ce qui t'a donc égratignée de la sorte ?...

GENEVIÈVE. C'est ce maudit chat noir... Tu devrais bien me donner une poudre pour lui faire passer le goût des côtelettes.

FANFARE. Volontiers. Voici la recette... Tu t'approches de lui en le flattant, tu le mets tout doucement sous ton bras... Tu lui prends la tête, (*il fait le geste de tordre le cou*) et crac..., le tour est fait.

On entend le bruit du tambour et de la trompette.

GENEVIÈVE. Est-ce qu'il y aurait une revue de la garde nationale ?

FANFARE. Eh ! non... C'est mon groom... c'est l'Éclair... L'Éclair qui précède la foudre... C'est lui qui m'annonce partout.

GENEVIÈVE. Ce domestique galonné que j'ai vu ?... Il est à tes gages ?...

FANFARE. Je partage avec lui en ami, et il monte devant ma voiture ; de cette manière, j'ai toujours la moitié de mon revenu devant moi... Dans ce moment-ci il prépare la séance de ce soir... Il annonce qu'un savant étranger donnera une grande séance dans la salle de la mairie... et il distribue nos prospectus... car nous avons les prospectus pour les lettrés, et le tambour classique pour les ignorans qui ont oublié d'apprendre à lire.

THÉRÈSE *en dehors.* Geneviève... Geneviève...

GENEVIÈVE. Me voilà, ma tante...

THÉRÈSE. Apporte-moi ma collerette de blonde...

GENEVIÈVE. A l'instant... adieu...

FANFARE. Il paraît qu'elle se fait belle, la boulangère... et j'ose croire, vanité à part, que j'y suis pour quelque chose...

Geneviève sort.

SCENE IV.

FANFARE *seul, assis devant la table, et se versant de l'eau-de-vie.*

O vanitas vanitatum... J'ai vu de près les grandeurs, et de tous les biens de la terre, le plus sûr est celui qu'on boit. Voilà d'excellente eau-de-vie..., on n'en a pas comme cela tous les jours sous la main (*Tirant une petite bouteille d'osier de sa poche, la débouchant et la secouant.*) Pleine autrefois... et rien maintenant... C'est comme notre caisse... c'est comme ma bourse !... dans les cerveaux... dans les bouteilles et dans les poches, j'ai toujours détesté le vide. (*Il remplit sa petite bouteille avec la grande, et après l'avoir rebouchée, la remet dans sa poche.*) Ce sera une poire pour la soif... et ça rafraîchira mon éloquence dans la séance de ce soir... que je voudrais bien rendre productive... ne fût-ce que pour payer la dépense de l'auberge... et faire un peu le mylord... Mais qui sait si je ferai seulement une recette... Ces maudits paysans deviennent chaque jour plus difficiles à attraper... Avec leur enseignement mutuel et leurs écoles primaires, on nous les gâte... Ils commencent à lire même en Bretagne... J'ai besoin de m'éloigner de Paris ; la civilisation me poursuit... et l'esprit pousse partout... On ne peut plus trouver de bêtes... il n'y en a plus... (*s'adressant au public.*) Je suis sûr qu'ici il n'y en a pas une seule...

SCENE V.

FANFARE, *continuant à boire,* KERJOBEC.

KERJOBEC, *un papier imprimé à la main et lisant.* « Remèdes pour toutes les maladies ; prédit l'avenir et le passé ; donne

» aux maris des secrets pour savoir si leurs
» femmes sont fidèles. Nota. Il vend aussi
» d'excellent cirage. »

C'est que c'est vrai... C'est bien dans le
prospectus... Et on ne peut pas en douter...
c'est imprimé.

FANFARE, *à part*. Et moi qui t'accusais
de ne plus créer de bêtes... ô Providence...
pardon... Voilà, si je ne me trompe, une de
tes plus riches productions... et une pratique qui m'arrive...

KERJOBEC, *apercevant Fanfare*. Monsieur est un voyageur?...

FANFARE. Monsieur est de la maison?...

KERJOBEC. Je suis le bourgeois... J'é-
tais dans la huche à pétrir mon pain... J'é-
tais dans le pétrin jusque là..., quand le
son du tambour m'a arraché à la pâte et
m'a fait courir comme tout le monde sur
la place publique...

FANFARE, *vivement*. Et y avait-il beaucoup de monde?...

KERJOBEC. Pas mal... Beaucoup d'en-
fans... ce que j'aime mieux, parce que ça
n'empêche pas de voir... et j'ai vu... j'ai
écouté... C'est superbe... Il paraît que c'est
un grand savant... un grand homme que
ce Monsieur qui vient d'arriver dans notre
endroit.

FANFARE. Vous dites vrai... C'est un
homme à qui j'ai vu faire des choses mer-
veilleuses.

KERJOBEC. Vous le connaissez?

FANFARE. Oui, monsieur.

KERJOBEC. Voilà un bonheur qui ne
m'arriverait pas, et que je paierais bien
cher !...

FANFARE. Vous aimez la science, Monsieur...

KERJOBEC. Beaucoup !...

FANFARE. Vous tenez au savoir...

KERJOBEC. Oui, je tiens à tout savoir...
je suis curieux comme un enragé...

FANFARE. C'est une grande qualité !...

KERJOBEC. Ma femme dit que c'est un
défaut...

FANFARE. Défaut sublime... celui des
savans... Vous interrogerez ce soir à la
séance l'illustre professeur...

KERJOBEC. Certainement... Mais si j'a-
vais pu lui parler en particulier et avant
tout le monde... ça aurait bien mieux
valu...

FANFARE. Il est devant vous, Monsieur...

KERJOBEC, *poussant un cri*. Ah ! vous
m'avez fait peur... car je ne m'y attendais
pas..., et cependant je m'en doutais...

FANFARE, *gravement*. C'est bête ce que
vous me dites là...

KERJOBEC. Non.. parole d'honneur...

je m'en doutais... j'ai comme ça des inspi-
rations absurdes, vous me croirez si vous
voulez...

FANFARE, *gravement*. Je vous crois ; que
voulez-vous de moi?

KERJOBEC. On ne peut pas nous entendre... voilà... Je n'ai jamais pensé à rien...
et il ne m'est jamais venu une idée... Jamais... ce qui était un grand bonheur
pour moi... quand tout-à-coup, l'autre
semaine... il m'en est venu une...

FANFARE. De vous-même?...

KERJOBEC. Du tout, vous ne me connaissez pas... ils me l'ont donnée... car sans
cela... jamais de la vie... Imaginez-vous
que je revenais le soir par la promenade...
Il faisait si sombre que je n'y voyais pas
plus loin que le bout de mon nez... je veux
dire du vôtre... car du mien, ça aurait
encore fait un assez bon bout de chemin...
si bien que j'entends devant moi deux
bourgeois assis sur un banc qui disaient :
C'est un fameux jobard. De qui parlent-
ils? que je me dis... Écoutons, ça sera
drôle... parce que vous savez que je suis
curieux... L'autre répète : Oui, un fameux
jobard que le boulanger !... Et j'écoutais
toujours sans réfléchir... me disant : De
quel boulanger qu'il est question?... Puis
il m'est venu comme un éclair... qu'il n'y
en avait qu'un dans l'endroit... et je me
suis dit... : Est-ce qu'on voudrait me dé-
signer ou se permettre des allusions incon-
venantes?...C'est ce que nous allons voir...
Et sa femme, continuait l'autre, hein?...
la boulangère a des écus... on sait ça... et
ils se sont mis tous les deux à rire en chan-
tant : *la boulangère a des écus*... et ils s'en
allèrent... pendant que je restais là im-
mobile sans dire un mot.

FANFARE. Sans dire un mot !

KERJOBEC. Pas si bête... parce que je
pensais... je pensais à cette phrase qu'ils
avaient chantée d'un air malin : *la boulangère a des écus*... Et il m'en est venu
une autre à la suite... *qui ne lui coûtent
guère*... Le coup de marteau était parti...
et depuis il ne s'est plus arrêté... parce
que c'est vrai... ma femme a des écus...
Une riche succession d'un vieux monsieur...
Mais comment cette fortune lui est-elle
arrivée?... Voilà ce que je voudrais savoir,
voilà ce qui m'a tourmenté jusqu'à ce
matin... Lorsque tout-à-l'heure, ce savant galonné qui est de votre société, et
qui jouait du tambour, m'a remis ce papier, où je viens de lire imprimé :

« Prédit l'avenir et le passé, donne aux
» maris des secrets pour savoir si leurs

» femmes sont fidèles. Nota, il vend aussi » d'excellent cirage. »

FANFARE. J'entends, vous voulez une bouteille de cirage... Nous en avons de cinquante sols et de trois francs...

KERJOBEC. Non pas... Vous allez d'une extrémité à l'autre, et dans celle où je suis il ne s'agit pas de mes pieds... Au contraire... (*Se frappant le front.*) C'est là qu'est le mal... Je voudrais savoir si ma femme m'a toujours été fidèle... J'ai eu d'abord envie de le lui demander...

FANFARE. Bravo!...

KERJOBEC. Mais pour en être plus sûr, j'aime mieux qu'un autre me le dise... Vous, par exemple... Pour mon argent, s'entend...

FANFARE, *gravement.* Je comprends... vous voulez un secret.

KERJOBEC. C'est cela.

FANFARE. Qui coûte très-cher !

KERJOBEC. Ça m'est égal... j'aime mieux économiser sur autre chose... sur la toilette de ma femme, ou la nourriture de ma nièce... parce que ça c'est utile.

FANFARE. C'est vrai.

KERJOBEC. C'est une dépense de ménage... et j'irai bien jusqu'à vingt-cinq francs...

FANFARE, *froidement.* Ça en coûte le double.

KERJOBEC. Ah! diable!...

FANFARE. Avant... et autant après.

KERJOBEC. Permettez !... ça fait cent francs...

FANFARE. Le compte est juste.

KERJOBEC. On ne pourrait pas rabattre quelque chose... cinquante francs, par exemple?..

FANFARE, *froidement.* Volontiers..... mais vous ne saurez que la moitié... des choses...

KERJOBEC, *vivement.* Je veux tout savoir !

FANFARE. Alors, comme dit le proverbe, payez, et vous serez considéré.

KERJOBEC. Considéré!... considéré!... c'est acheter bien cher la considération.

FANFARE. Certainement... mais, avec ma méthode, vous avez l'avantage d'être sûr de votre affaire... Ma méthode est certaine, elle est prompte, elle est positive... elle a été approuvée par la société de médecine, le conseil d'état et la cour de cassation, qui m'en ont fait compliment, et à qui je l'ai dédiée... Elle a eu la médaille à l'exposition de 1834, avec un brevet d'invention et la manière de s'en servir... Et puis on ne veut pas vous tromper, et vous ne payez que moitié d'avance... et le reste après, si vous êtes content.

KERJOBEC. C'est juste!... et c'est ça qui me détermine... Regardez si personne ne vient... (*fouillant dans son secrétaire*) parce que ma femme, qui est une femme d'ordre... se fâcherait peut-être si elle savait que je dépense comme ça mon argent.... Et vous ne lui direz rien, au moins?..

FANFARE. Pour qui me prenez-vous?..

KERJOBEC. Voilà les cinquante francs.

FANFARE, *à part.* Qu'ils soient les bien venus !

KERJOBEC, *regardant autour de lui.* Serrez-les...

FANFARE. Soyez tranquille... (*à part*) il y a de la place !... et ils ne seront pas gênés dans mon gousset.

KERJOBEC. Maintenant, le secret?..

FANFARE, *se tâtant et fouillant dans ses poches.* Le secret...

KERJOBEC. Est-ce que vous l'auriez sur vous?

FANFARE. Toujours. (*Sentant la bouteille d'osier qu'il vient de remplir.*) Avez-vous l'habitude de souper?

KERJOBEC. Tous les soirs.

FANFARE. Avec votre femme?..

KERJOBEC. En tête-à-tête... et même l'heure approche où nous allons nous mettre à table.

FANFARE, *tirant de sa poche la petite bouteille d'osier.* Voyez ce flacon précieux... de cristal de roche, préservé par une couverture d'osier métallique et fermé par un morceau de liége de la mer Caspienne, dont j'ai surveillé moi-même la composition élastique et imperméable... Vous le voyez?...

KERJOBEC, *ouvrant de grands yeux.* Certainement.

FANFARE, *avec volubilité.* Que contient ce flacon? me direz-vous... du gaz comprimé?.. non... du bitume de Seyssel?.. non... de la graine de chou colossal... graine de lin... graine de niais... graine d'actionnaires?... non... il en pousse partout... et ceci ne vient nulle part... C'est un élixir ardent, brûlant, spiritueux, que j'ai composé avec du sirop de phosphore, de l'essence de pierre à fusil et une étincelle du soleil, que j'ai soutirée par la machine électrique, distillée, alambiquée, laissé reposer, clarifiée et mise en bouteille. C'est le chef-d'œuvre de la pyrotechnie... c'est le mélange des élémens les plus opposés... c'est ce que j'appellerai l'*eau-de-feu!* Et il suffit d'un petit verre... que dis-je !... d'une seule goutte, pour produire l'effet demandé !!!

KERJOBEC, *prenant le flacon.* C'est là le secret?..

FANFARE. Vous le tenez... Vous en buvez un demi-verre ce soir à votre souper...

KERJOBEC. Est-ce désagréable ?

FANFARE. Du tout. Je lui ai donné le goût du rhum ou de l'eau-de-vie... mais si vous ne l'aimez pas, je puis changer...

KERJOBEC. Nullement!... je n'ai aucune aversion pour ce genre de spiritueux; je l'accueille sans répugnance et même avec facilité.

FANFARE. Tant mieux!

KERJOBEC. D'ailleurs, je me forcerais s'il le fallait... J'en bois donc un demi-verre ce soir à souper...

FANFARE. Et vous en faites boire autant à votre femme.

KERJOBEC. Ensuite?...

FANFARE. Si votre femme est vertueuse et fidèle... si elle n'a jamais aimé que vous...

KERJOBEC. Eh bien?...

FANFARE. Il ne vous arrivera rien du tout.

KERJOBEC. C'est bon!... c'est facile à faire.

FANFARE. Vous vous éveillerez demain comme vous êtes... comme vous voilà... il n'y aura pas en vous le moindre changement.

KERJOBEC. Très-bien!... mais s'il y avait eu quelque chose... si elle m'avait fait des traits... si enfin... vous comprenez?...

FANFARE. Alors, mon cher ami, vous en auriez par vous-même la preuve évidente et personnelle... rien qu'au changement qui peu à peu s'opérerait dans tous vos traits...

KERJOBEC. Comment! je serais changé?..

FANFARE. Au bout d'une heure...

KERJOBEC. En quoi donc?...

FANFARE. En chat noir!..

KERJOBEC. En chat noir... moi?..

FANFARE. Pendant trois jours.

KERJOBEC. C'est effroyable!... C'est-à-dire non!.. eh bien, non!.. et si ce n'était le motif, je vous avoue franchement que je ne serais pas fâché d'être chat noir pendant trois jours... une fois en passant... ça me changerait... ça m'amuserait... Je ferais le diable à la cuisine... je ferais enrager ma nièce et ma femme, qui ne me reconnaîtraient pas...

FANFARE. Et qui peut-être vous assommeraient.

KERJOBEC. Et ça compterait?...

FANFARE. Certainement!... en prenant l'état vous en courez toutes les chances.

KERJOBEC. Alors, pas si bête!... et si ça

m'arrive, je ne sortirai pas du grenier... Je connais un endroit que je vais m'arranger... Mais je ne peux pas croire que ça m'arrive...

FANFARE, froidement. Franchement... ni moi non plus.

KERJOBEC. N'est-ce pas?... je n'ai pas une tête à ça... Ma femme est trop sage... elle m'aime trop... Et c'est dommage... rien que pour voir un peu, j'aurais voulu... (Vivement.) Du tout!.. j'en serais bien fâché!..

GENEVIÈVE, en dehors. Mon oncle!.. mon oncle!... une pratique!

KERJOBEC. On m'appelle à la boutique...

FANFARE. Faites comme chez vous.... ne vous gênez pas... En tout cas, rappelez-vous bien que je ne vous ai pas trompé, que je vous ai dit la vérité, que je ne vous ai pas vendu chat en poche... et que demain, si vous êtes content, c'est cinquante francs qui me reviennent.

KERJOBEC. C'est dit.

FANFARE, à part. C'est comme si je les avais.

<hr>

SCENE VI.

FANFARE, seul.

Voilà de la graine de coloquinte premier numéro!.. Si tous les maris du village m'en donnent autant... je rétablis l'équilibre dans mes finances et la paix dans chaque maison... Toutes les femmes sont vertueuses, et tous les maris sont contens... Et qu'on dise encore du mal des charlatans!... Voici la tante... Dieu! quelle tenue!... C'est celle-là qu'il faut gagner! En avant les moyens de séduction!

<hr>

SCENE VII.

FANFARE, THÉRÈSE.

THÉRÈSE. Eh bien! monsieur, êtes-vous content de notre auberge?

FANFARE. Non, vraiment... et c'est une maison très-dangereuse que la vôtre...

THÉRÈSE. Comment cela?

FANFARE.

Air de Marguerite (Adrien Boyeldieu).

Quoique en ces lieux, le soin, le zèle,
Servent vieux vins et mets nouveaux;
Bien plus qu'ailleurs, parque cruelle,

Le voyageur craint tes ciseaux ;
Car l'hôtesse qui nous enivre
En même temps vient nous servir,
Avec un beefteak qui fait vivre,
Deux jolis yeux qui font mourir.

THÉRÈSE. Vous trouvez...

FANFARE. Moi qui ai parcouru le monde, je n'ai rapporté de mes impressions de voyage aucun souvenir plus délirant... Je n'en excepte pas même les Bayadères que j'ai vues à Paris, allée des Veuves, n° 23.

THÉRÈSE. Flatteur !...

FANFARE. Parole d'honneur... et plaisanterie à part, elle est très-bien...

THÉRÈSE, *baissant les yeux.* Monsieur a beau jeu à mentir... il est voyageur...

FANFARE, *à part.* Si elle savait que je suis charlatan...

THÉRÈSE, *baissant toujours les yeux.* Et je ne croirai jamais que nous autres Bretonnes puissions valoir les dames de Paris.

FANFARE. Laissez donc...

THÉRÈSE. Les Parisiennes, à ce qu'on prétend, ont toutes des pieds si délicats, (*avançant son pied.*) tandis que nous...

FANFARE. Dieu ! qu'il est petit... Il me rappelle la Chine.. et la fille d'un mandarin chez qui je logeais en hôtel garni.

THÉRÈSE. Les Parisiennes ont toutes une tournure distinguée, une taille élégante.

FANFARE. Pas mieux prise que la vôtre.

THÉRÈSE. Et ensuite une façon de vous regarder... de vous faire les yeux doux...

FANFARE, *l'embrassant.* Elle est à moi !

THÉRÈSE. Un instant, monsieur... Est-ce qu'on peut ajouter foi aux discours d'un grand seigneur tel que vous..?

FANFARE, *lui serrant la taille.* L'amour rapproche les distances...

THÉRÈSE. Non pas avec un voyageur, un oiseau de passage... qui dès demain... dès ce soir peut-être, va s'éloigner...

FANFARE, *à part.* Je tiens la transition. (*Haut.*) M'éloigner... et pourquoi donc ? Long-temps volage... je veux enfin me fixer, et pour me servir d'une comparaison botanique... comme le lierre, je meurs où je m'attache...

THÉRÈSE *baissant les yeux.* Un attachement...

FANFARE, *vivement.* J'en ai un... qui m'attire, qui me retient en ces lieux... et près de vous, ma belle hôtesse, je voudrais m'y établir...

THÉRÈSE, *de même.* Vous y établir, comment l'entendez-vous !...

FANFARE. Je l'entends... de la manière la plus pure... la plus légitime...

THÉRÈSE. Eh bien ! c'est drôle...

FANFARE. Il y a dans ce village... dans cette maison... je ne sais si vous me comprenez... une personne accomplie... que vous connaissez...

THÉRÈSE, *à part et baissant les yeux.* Je crois que oui...

FANFARE, *avec feu.* Et que je suis décidé à épouser...

THÉRÈSE, *à part.* Il me croit demoiselle !... pauvre garçon...

FANFARE. Elle hésite...

THÉRÈSE, *à part.* Ça a pourtant bien son côté flatteur... Sans M. Kerjobec... Comme c'est bête de se marier... et comme ça vous fait manquer de bons partis...

~~~~~~

SCENE VIII.

LES PRÉCÉDENS, GENEVIÈVE.

GENEVIÈVE. Ah ! quel bonheur !... quel bonheur !...

THÉRÈSE. Qu'est-ce donc ?... et qu'avez-vous à venir ainsi nous interrompre ?...

FANFARE. Elle a bien fait... je ne sais pas ce qui allait arriver...

GENEVIÈVE. Ne me grondez pas, ma tante, je viens annoncer une nouvelle à Monsieur...

FANFARE, *bas à Geneviève.* Tout va bien avec la tante... même trop bien.

GENEVIÈVE. Comme avec mon oncle.

FANFARE, *vivement.* Comment cela ?

GENEVIÈVE. Il était près de moi dans la boutique, quand est venu le maudit chat noir de la voisine, qui est toujours ici... et je voulais le battre ; mais mon oncle m'en a empêché, et l'a caressé en disant : Il ne faut jamais battre les chats... on ne sait pas ce qui peut arriver... je ne sais pas pourquoi il disait ça, ni ce qu'il avait... Mais il me semblait si bien disposé que je lui ai tout raconté, tout avoué !...

THÉRÈSE. Quoi raconté ?

GENEVIÈVE. Ce que monsieur vous disait tout-à-l'heure...

THÉRÈSE, *passant vivement près d'elle.* Mademoiselle, vous auriez écouté...

GENEVIÈVE. Je n'en avais pas besoin... je savais ce qu'il allait vous dire...
~~~~~~

THÉRÈSE. Eh ! quoi donc ?..

GENEVIÈVE. Qu'il m'aimait...

THÉRÈSE. Qu'entends-je...

GENEVIÈVE. Que c'était pour moi qu'il était venu ici...

THÉRÈSE. Est-il possible !...

FANFARE, *à part*. Pas moyen de la faire taire.

GENEVIÈVE. Et qu'il voulait m'épouser...

THÉRÈSE, *avec colère*. Quoi, monsieur.., c'était elle dont vous me demandiez la main ?...

FANFARE. Afin de vous avoir pour tante et de me rapprocher de vous... Il n'y avait plus d'autres moyens.

THÉRÈSE. S'amuser à mes dépens. (*A part.*) Moi qui voulais rire aux siens. (*Haut.*) C'est une trahison.

GENEVIÈVE. En quoi donc... Il ne m'a jamais trahie.

THÉRÈSE, *avec colère*. Je veux dire, mademoiselle... que se marier à votre âge... une petite fille...

GENEVIÈVE. Ça vous fâche... ça n'a pas fâché mon oncle... qui a dit : Je consens.

THÉRÈSE. Et moi, mademoiselle... je ne consens pas... je ne consentirai jamais... Je refuse...

GENEVIÈVE. Et pour quel motif?

THÉRÈSE. Des motifs... Il y en a cent... Il faut que chacun reste dans sa sphère... et un pareil mariage est trop beau... trop élevé pour nous...

GENEVIÈVE. En vérité !...

THÉRÈSE. Monsieur est un seigneur... un homme riche, un homme en place... qui bientôt rougirait de notre alliance... et de notre famille...

GENEVIÈVE. Quoi! ce n'est que cela? (*On entend en dehors la trompette et le tambour.*) Tenez... tenez... entendez-vous ?...

THÉRÈSE. Qu'est-ce donc ?...

GENEVIÈVE. Ses fonctions qui commencent...

THÉRÈSE. Qu'est-ce que ça veut dire?

GENEVIÈVE. Qu'il peut m'épouser... car, grâce au ciel, il n'est pas plus heureux que nous...

FANFARE. Je n'ai pas d'autre fortune que ma science, d'autre place... que la place publique, où l'on m'attend, où l'on m'appelle...

THÉRÈSE. Un empirique !.. un charlatan! quelle horreur !.. et vouloir entrer dans notre famille... Jamais... jamais... C'est trop au dessous de nous !...

FANFARE. Un homme de talent...

THÉRÈSE. Qui n'a pas de domicile et qui demeure dans une voiture...

FANFARE. Un génie en plein air... Qui n'en est pas moins un génie... car vous ne savez pas ce dont je suis capable, vous ne vous doutez pas de mes connaissances physiques, chimiques et cabalistiques... vous ne connaissez pas mon pouvoir !

THÉRÈSE. Je me moque de vous et de votre pouvoir... et dès ce soir elle épousera le maire... je l'ai dit... et ça sera.

FANFARE. C'est ce que nous verrons...

THÉRÈSE. Guerre ouverte...

FANFARE. Soit... guerre à mort !..

FANFARE.

AIR : *la Trompette guerrière* (de Robert).

La trompette guerrière
Vient de retentir,
Et par mon savoir-faire
Je saurai réussir.

THÉRÈSE.

La trompette guerrière
Vient de retentir,
De dépit, de colère
Je me sens frémir.

GENEVIÈVE.

Pour calmer sa colère,
Et pour la fléchir,
Hélas ! que puis-je faire ?
Qu'allons-nous devenir ?

THÉRÈSE.

J'étouff' de colère et de rage !
Je vous f'rai chasser du village ;
 Lui montrant la porte du fond.
En attendant, d'ici sortons !
 A Geneviève.
Et vous, montrez-moi les talons.

ENSEMBLE.

FANFARE.

La trompette guerrière, etc.

THÉRÈSE.

De dépit de colère, etc.

GENEVIÈVE.

Pour calmer sa colère, etc.

Fanfare sort par le fond et Geneviève par la porte à gauche.

SCÈNE IX.

THÉRÈSE, *puis* KERJOBEC, *entrant par la porte à droite.*

THÉRÈSE. Oser me défier !.. Oser joûter

avec moi!.. Ah! c'est mon mari, qui déjà consentait à ce mariage!... En vérité, si on le laissait faire... il aurait bientôt une volonté!... Mais nous allons voir!... et s'il ose seulement en parler...

KERJOBEC, *réfléchissant.* Au fait, un pareil homme... ça serait un fameux honneur pour la famille!.. sans compter le profit... Mais rompre avec le maire, ce n'est pas aisé... et puis il faut en parler à ma femme.

THÉRÈSE. Qu'est-ce que c'est?...

KERJOBEC.. J'aurais quelque chose à te dire...

THÉRÈSE. Je t'écoute...

KERJOBEC. Elle n'a pas l'air de bonne humeur.

THÉRÈSE. Parle donc...

KERJOBEC, *à part.* J'aime mieux remettre à demain... ça vaudra mieux... parce que, si je la fâche, ce soir je ne pourrai pas tenter mon expérience, qui est bien autrement importante!

THÉRÈSE, *sèchement.* Eh bien donc...

KERJOBEC. Eh bien donc... bobonne... j'aurais quelque chose à te proposer... pour ce soir...

THÉRÈSE, *de même.* Qu'est-ce que c'est?

KERJOBEC. Nous sommes seuls... mais on pourrait nous déranger... et pour que personne ne vienne...

Il va fermer mystérieusement la porte à gauche, par où est sortie Geneviève, et la porte du fond.

THÉRÈSE. Qu'est-ce que ça signifie?... Pourquoi fermer cette porte?...

KERJOBEC. Tu le sauras.

THÉRÈSE. Comment! vous mettez les verroux... En vérité, monsieur Kerjobec, voici une extravagance qui ne ressemble à rien.

KERJOBEC. Elle s'adoucit un peu... c'est bon signe... (*Haut, en s'approchant d'elle.*) J'avais une idée...

THÉRÈSE. Vous!

KERJOBEC. Pourquoi pas?...

THÉRÈSE. Ce n'est pas votre fort.

KERJOBEC. Aussi c'est une idée dont tu vas être étonnée.

THÉRÈSE. Je ne demande pas mieux.

KERJOBEC. Je voulais souper avec toi, en tête-à-tête, et sans ma nièce.

THÉRÈSE. La belle avance!... et pourquoi?...

KERJOBEC. Je te le dirai quand nous serons à table... Aide-moi d'abord (*Ils vont tous deux chercher dans un coin une*

table toute servie, qu'ils apportent au bord de théâtre.) Maintenant, ma petite femme, assieds-toi là.

THÉRÈSE. Vous avez ce soir un air conquérant et malin que je ne vous ai jamais vu!...

KERJOBEC. C'est vrai; je te l'avoue tout bêtement, je médite une malice très-spirituelle.

THÉRÈSE. Et laquelle?

KERJOBEC. Je ne veux pas te le dire.

THÉRÈSE. Eh! pourquoi ça?

KERJOBEC. Parce que tu ne voudras pas.

THÉRÈSE. Allons donc.

KERJOBEC. Je suis sûr que tu ne voudras pas; je te connais...

THÉRÈSE. Quelle bêtise! Est-ce que vous m'avez jamais vue refuser des choses convenables?

KERJOBEC. Je te le dirai tout-à-l'heure. Buvons d'abord. (*Il a tiré de sa poche la petite bouteille d'osier, qu'il a débouchée avec soin.*) Comme ça, elle ne se doutera de rien.

THÉRÈSE. Qu'est-ce que c'est que ça?

KERJOBEC, *remplissant les deux verres.* De la liqueur qu'on nous propose d'acheter, et dont on m'a donné un échantillon.

THÉRÈSE. Voyons! voyons!

KERJOBEC. Elle y vient d'elle-même. (*Tenant son verre.*) A ta santé, ma femme, et à la mienne!

THÉRÈSE. On dirait que tu trembles... Est-ce que tu as peur?

KERJOBEC. J'ai peur que ça ne soit pas bon.

THÉRÈSE, *qui a bu.* Ah! que c'est fort!

KERJOBEC, *tenant son verre.* Je crois bien. (*A part.*) Du sirop de phosphore... de l'essence de pierre à fusil... et une étincelle de soleil, alambiquée, distillée et mise en bouteille!... (*Il l'avale d'un trait.*) Eh bien, ça a passé sans que je m'en aperçusse. C'est l'émotion qui fait cela.

THÉRÈSE. Ça ressemble à du Cognac.

KERJOBEC. Oui, du Cognac... crois ça, et bois de... (*A part.*) Du reste, il m'en avait prévenu... Ça en aura l'air, qu'il m'a dit, et il ne m'a pas trompé. C'est d'un bon augure pour le reste.

THÉRÈSE, *lui servant du plat qui est devant elle.* Eh bien! maintenant, saurai-je de quoi il s'agit?

KERJOBEC. Oui, ma femme. Imagine-toi qu'il y a ici un homme qui a des secrets comme on n'en voit pas.

THÉRÈSE. En vérité!

KERJOBEC. Ce n'est pas de lui que je le tiens; c'est d'un autre, qui m'en a raconté!... C'est merveilleux.

KERJOBEC.

Air: Non, ma nièce, vous n'aimez pas.

En mettant son art à l'épreuve,
Une veuve l'avait aigri...

THÉRÈSE.

Eh bien! qu'a-t-il fait?

KERJOBEC.

De la veuve,
Il a ressuscité l'mari!...

Montrant le journal.

C'est écrit... Une femme laide
N'avait pu rencontrer encor
D'épouseurs... voilà qu'il lui cède
Une certaine poudre d'or;
Ces maris toujours prompts à fuir,
Soudain on les vit accourir!
Et ce fait, vraiment sans égal,
Est attesté par le journal,
C'est dans le journal.

THÉRÈSE.

C'est dans le journal?

THÉRÈSE, *lisant.* Oui, je vois bien, et c'est celui qui était ici tout-à-l'heure.

KERJOBEC. Lui-même. Et, tenté par l'occasion et le bon marché, je lui ai acheté un secret.

THÉRÈSE. Lequel?

KERJOBEC. C'est que ça va te fâcher.

THÉRÈSE, *avec impatience.* Eh! non, monsieur.

KERJOBEC. Un secret pour savoir...

THÉRÈSE. Quoi?

KERJOBEC. Si tu avais toujours été fidèle.

THÉRÈSE, *avec colère.* Monsieur !

KERJOBEC. C'est une bêtise, une fantaisie. Que veux-tu... j'y tenais. Et puis je ne m'achète rien. Tu sais, ce chapeau neuf que je voulais me donner... ça m'en tiendra lieu.

THÉRÈSE. Monsieur, vous me paierez cela. Et d'abord, ce secret, j'espère bien que vous n'en ferez pas usage?

KERJOBEC. C'est fini, je m'en suis servi.

THÉRÈSE. Vous avez osé!...

KERJOBEC. J'étais si sûr de toi, si tranquille...

THÉRÈSE. Alors, à quoi bon...

KERJOBEC. A quoi bon... à quoi bon... On aime toujours à savoir... Et toi, qui parles, pourquoi es-tu si en colère et si troublée?

THÉRÈSE. Moi... du tout... Qu'est-ce que ça me fait... ça m'est bien égal, je

défie bien tous les secrets du monde... Et tu dis que celui-là est infaillible?...

KERJOBEC. Certainement... dans une heure...

THÉRÈSE. Dans une heure, tu pourras voir par toi-même...

KERJOBEC. Par moi-même...

Il va à sa glace.

THÉRÈSE, *à part.* Qu'est-ce que ça peut être?...

KERJOBEC. Et je regarde s'il n'y a pas déjà quelque chose... parce que, rien qu'à ses questions... j'ai une peur qui me commence...

Il se tâte les mains.

THÉRÈSE. Allons donc!... quand je te dis que tu dois être tranquille...

KERJOBEC. Bien vrai?

THÉRÈSE. Certainement...

KERJOBEC. Dis-le-moi... parce que j'ai à sortir... je vais aller chez le maire, notre voisin... et je ne voudrais pas que ça me prît en route...

THÉRÈSE. Dam... tant que je ne saurai pas de quoi il s'agit... Et quel est ce secret?...

KERJOBEC. C'est cette fiole dont nous venons de boire à l'instant... et qui produit un tel effet, qu'une heure après, et dans le cas dont nous parlions tout-à-l'heure... le mari se trouve...

THÉRÈSE. Quoi donc?

KERJOBEC. Il se trouve...

THÉRÈSE. Dis donc vite...

KERJOBEC. Changé en chat noir !

THÉRÈSE, *étonnée.* Comment?...

KERJOBEC. Pendant trois jours.

THÉRÈSE, *riant.* Quoi! c'est là... ce secret... ce fameux secret... Et tu crois cela?

KERJOBEC. Dam... ils font maintenant des choses si extraordinaires... il paraît que c'est par la vapeur...

THÉRÈSE. Allons donc...

KERJOBEC. Ils disent que tout est possible... par les machines à vapeur... vois plutôt... c'est imprimé... D'ailleurs, nous verrons bien... dans une heure... c'est-à-dire une demi-heure...

THÉRÈSE. Je te dis, moi, que tu ne verras rien...

KERJOBEC. C'est ce que je demande... c'est ce que je désire... bien sûr...

THÉRÈSE. Bien sûr?... (*A part.*) C'est bête... et pourtant, ça m'inquiète...

KERJOBEC. Alors, veux-tu sortir avec moi, ma petite poule?

THÉRÈSE, *d'un air câlin.* Très-volontiers, mon petit chat...

KERJOBEC, *effrayé.* Mon petit chat!... hein?...

THÉRÈSE. Sois donc tranquille.

On frappe fortement à la porte.

TOUS DEUX. Qu'est-ce que c'est... qui vient là ?...

GENEVIÈVE, *en dehors*. Ma tante... ma tante... un monsieur qui vous demande...

THÉRÈSE. Eh ! qui donc ?...

GENEVIÈVE, *en dehors*. Un monsieur en noir.

KERJOBEC, *effrayé*. Encore du noir !...

THÉRÈSE, *à son mari*. Tais-toi donc...

KERJOBEC. Je vois tout en noir !...

THÉRÈSE. Son nom ?

GENEVIÈVE. M. Kerlebon.

THÉRÈSE. C'est ce notaire de Quimper-Corentin à qui j'ai dit ce matin de venir pour le contrat... Je vais le trouver, et tout régler avec lui...

KERJOBEC. Vas-y... je reste ici...

THÉRÈSE. Et dès ce soir nous le signerons...

KERJOBEC. Oui, j'y mettrai ma signature, à moins que je n'y mette ma griffe...

THÉRÈSE. J'y vais... et je reviens... (*A part.*) Cet imbécile, avec ses idées... il m'a fait presque peur.

Elle sort par la porte à gauche qu'elle ouvre.

SCÈNE X.

KERJOBEC, *seul*.

Il n'y a plus qu'un quart d'heure... (*Se regardant dans la glace.*) Et tout ce qu'elle m'a dit me rassure... Si cependant, sans le vouloir, elle avait oublié quelque chose... c'est possible, ça ne serait pas sa faute... Il me semble que je change un peu, et que ma peau commence à brunir... moi qui l'avais si blanche... Pour les ongles, ils se maintiennent... C'est égal, j'aimerais mieux que le quart d'heure fût passé... (*On frappe à la porte du fond.*) Qui vient là ?...

Il va ouvrir.

SCÈNE XI.

KERJOBEC, FANFARE.

KERJOBEC. Ah ! c'est vous... docteur !.. mon savant docteur !...

FANFARE. Je viens de ma séance...

KERJOBEC. Qui a été...

FANFARE. Superbe... étourdissante !... (*A part.*) O siècle de fer ! où il est si difficile de faire de l'argent... sept livres dix sous de recette !... et je leur ai débité pour dix mille francs de mensonges. (*Haut, à Kerjobec.*) Et vous, mon cher hôte... vous que j'estime et que j'honore... car vous valez à vous seul... sept fois plus que tout le village...

KERJOBEC. Vous êtes bien bon... je suis dans le coup de feu... dans le moment décisif... et je suis enchanté de vous avoir là auprès de moi... Me trouvez-vous changé ?

FANFARE, *le regardant*. Attendez...

KERJOBEC. Il y a quelque chose... n'est-ce pas ?...

FANFARE. Dans les yeux... les yeux se rapetissent un peu... et deviennent plus brillans...

KERJOBEC, *effrayé*. Des yeux de chat !.. voilà ce que je n'aimerais pas... moi qui les ai superbes !... et fendus en amande.

FANFARE. Non, je me trompais... ils reprennent leur couleur ordinaire...

KERJOBEC. Tant mieux... car il y a encore dix minutes...

FANFARE, *à part*. O ciel !

KERJOBEC. De ces dix minutes-là dépend la vertu de ma femme...

FANFARE, *à part*. Elle va être sauvée !..

KERJOBEC. Dans dix minutes... je peux perdre mon état et ma confiance... mais si elle a résisté à une pareille épreuve... quoi qu'on dise désormais, ou quoi qu'il arrive... je dors tranquille sur les deux oreilles !... (*Regardant sa montre.*) Plus que six minutes !

FANFARE, *à part.* C'est bien là ce qui m'effraie. (*Haut.*) Avez-vous parlé à votre femme de mon mariage avec Geneviève ?..

KERJOBEC. Je n'ai pas osé, de peur de la fâcher... et de manquer l'expérience...

FANFARE. Mais maintenant...

KERJOBEC. Maintenant... je n'oserai plus du tout... ça va lui donner sur moi un ascendant... Elle est là, dans la chambre à côté... avec le notaire... ils paraphent ensemble le contrat de mariage de Geneviève avec le maire...

FANFARE, *à part*. Maudite femme !.. elle va l'emporter... Comment faire à présent... si je pouvais...

KERJOBEC, *regardant la pendule en bois, qui sonne, et poussant un cri de joie*. Ah ! l'heure a sonné... (*Se tâtant.*) Il n'y a rien... c'est moi... c'est bien moi... je suis encore...

FANFARE. Ce que vous étiez !...

KERJOBEC, *dans le délire de la joie*. Et je m'en félicite...

AIR *de Julie*.

Mon idée est invariable,
Je ne veux pas être chat noir,
D'abord, ce n'est pas agréable,
Et ça finit toujours par se savoir.
Puis des amis, au cœur ingrat et traître,

Que nuit et jour on devrait bafouer,
   Pass'nt près de vous sans vous saluer,
   Et n'ont pas l'air de vous r'connaître.

FANFARE, *regardant dans la coulisse*. Silence !...

KERJOBEC, *de même*. Mais ma femme... ma pauvre femme... qui s'y serait jamais attendu !... Pauvre chère amie... je ne l'aurais jamais cru vertueuse à ce point-là...

FANFARE, *de même*. Silence... vous dis-je... attendez encore...

KERJOBEC. Laissez donc !.. je suis tranquille à présent...

FANFARE. Chut !... ne faites pas de bruit...

   Il entre dans la coulisse à pas de loup.

KERJOBEC, *le regardant*. Eh bien !... où va-t-il ?... et qu'est-ce qu'il va faire ?.. Tiens, il a vu le chat noir de la voisine... il s'en approche tout doucement... il le met sous son bras... Ah ! voilà qu'il lui tord le cou !... (*A Fanfare qui rentre.*) Pourquoi donc ?

FANFARE, *cachant le chat sous sa redingote*. Je vous ai vendu un secret pour vous assurer de la fidélité de votre femme ?...

KERJOBEC. Cinquante francs déjà payés... et autant, si je suis content...

FANFARE. Vous ne devez pas l'être...

KERJOBEC. Si vraiment... et je vais vous les donner...

FANFARE. Et moi, je n'en veux pas !... je ne veux pas vous voler votre argent... car je ne vous ai vendu que la moitié du secret...

KERJOBEC. Bah !... que reste-t-il à faire?

FANFARE. Il reste à écouter.... Voici votre femme... vous allez vous cacher là dans cette chambre... (*Montrant la porte à droite.*) Et vous ne sortirez que lorsque je vous le dirai...

KERJOBEC. Est-ce qu'il y a du danger ?.. (*regardant sa figure.*) est-ce que ça revient... est-ce que je change ?...

FANFARE. Silence, encore une fois !... voici votre femme... A votre poste... ne bougez pas...

Kerjobec se cache, Fanfare jette le chat qu'il vient
   d'étrangler sur le lit qui est au fond, il referme
   les rideaux, et vient tranquillement se mettre à
   table où il mange.

SCENE XII.

KERJOBEC , *dans le cabinet à droite;* FANFARE , *à table, près du cabinet à droite;* THERESE , *sortant du cabinet à gauche.*

THÉRÈSE. Tout est réglé !... tout est convenu ; le maire et sa famille vont venir signer... et nous verrons maintenant ce que dira l'amoureux de Geneviève, qui m'a défiée. (*L'apercevant.*) C'est lui, il ose revenir... et s'établir.... là , à table.... comme chez lui... Après les contes qu'il a débités à mon mari, est-ce qu'il espérerait par hasard lui faire accroire...

FANFARE, *à part*. Ça se pourrait bien...

THÉRÈSE, *regardant la pendule en bois*. L'heure a sonné !.. et depuis long-temps !.. je respire...

FANFARE, *à part*. Elle avait peur...

THÉRÈSE, *s'approchant d'un air triomphant*. Vous ici, monsieur !... vous, mon ennemi déclaré...

FANFARE. Parlez plus bas, madame...

THÉRÈSE. Et pourquoi donc me taire ?.. je vous invite tout haut à la noce... vous serez témoin du mariage de ma nièce et de mon triomphe...

FANFARE. Silence, madame... non pas pour moi... mais pour votre mari...

THÉRÈSE. Mon mari... mais il n'est pas là...

FANFARE. Si fait...

THÉRÈSE. Où donc ?

FANFARE. Il tombait de sommeil... il m'a quitté pour se jeter sur son lit... et tout-à-l'heure je l'entendais ronfler...

THÉRÈSE. Le moment est bien choisi... une belle heure pour dormir... Quand toute la famille du futur va arriver... je vais joliment le réveiller... (*Elle va vers le lit, et ouvre les rideaux.*) Eh bien ! il n'y est pas !... (*Poussant un cri.*) Ah ! qu'ai-je vu... un chat noir !...

FANFARE, *se levant vivement*. Est-il possible !... qu'avez-vous dit... mon ami... mon malheureux ami !...

KERJOBEC , *entr'ouvrant doucement la porte du cabinet à droite, près de Fanfare.* Me voici !...

FANFARE, *refermant la porte de la main.* Cachez-vous donc... (*Allant à Thérèse, qui est restée la tête cachée dans ses mains.* Madame... madame... qu'est-ce que ça veut dire... qu'est-ce que ça signifie ?...

THÉRÈSE, *effrayée.* C'est moi qui vous le demande ?...

FANFARE. Vous me voyez tout tremblant, et j'ai peine à me soutenir... Est-ce que par hasard cet élixir puissant... cette liqueur dangereuse qu'il m'avait prié de composer pour lui... et que j'ai eu la faiblesse de lui donner...

THÉRÈSE. Que dites-vous ?...

FANFARE. Il m'avait juré de ne pas s'en servir... m'aurait-il manqué de parole ?.. en auriez-vous bu tous les deux ?... (*Avec*

tout le pathétique du drame moderne.) Non...
non... n'est-ce pas?... mais dites-moi donc
que non!...

THÉRÈSE, *tremblante.* Et si... monsieur...

FANFARE, *avec explosion.* Femme im-
prudente, qu'avez-vous fait?.... Savez-
vous que ce philtre est terrible, rapide,
immanquable... qu'on me l'avait demandé
à l'Opéra, pour les changemens à vue qui
ne vont jamais, et voilà votre ouvrage...
le voilà!...

THÉRÈSE, *courant au lit.* Ah! mon mari... mon pauvre mari!...

FANFARE. Infortuné Kerjobec... qui te
reconnaîtrait maintenant!... *Quantùm mu-
tatus ab illo!...*

THÉRÈSE. O ciel!.. mais ce chat n'existe
plus...

FANFARE, *gravement.* Cela ne m'étonne
pas... il est possible qu'il soit mort de cha-
grin, en se voyant dans cet état... à moins,
ce que je n'ose admettre, qu'il n'ait lui-
même mis fin à ses jours... supposition
hasardée que rien ne justifie... et dont
nous n'avons pas encore d'exemple dans
la nouvelle classe qu'il occupe... mais en
tout cas, ce n'est pas là ce qui m'embar-
rasse; il m'est aussi aisé de le rendre à la
vie qu'à sa forme première...

THÉRÈSE. Dites-vous vrai?

FANFARE. Dès que je connaîtrai les
causes de sa métamorphose, car il faut
qu'il y en ait...

THÉRÈSE. Ah! mon Dieu, non... monsieur, j'ignorais... je ne savais rien...

FANFARE. Il faut cependant que vous
l'ayez exposé?...

THÉRÈSE. Si peu... si peu... que cela
ne mérite pas la peine d'en parler... et il
n'y avait pas de quoi le changer à ce point-
là...

FANFARE. Dam... cherchez bien... rappelez-vous... Serait-ce par hasard ce vieux
maître que vous serviez, et qui vous a
laissé une si belle fortune?...

THÉRÈSE. Du tout, monsieur; c'était
bien avant... (*se reprenant*) je veux dire,
c'était en tout bien, tout honneur...

    AIR: *Tais-toi, tais-toi.* (La Figurante.)
      En tout bien,
        C'est bien,
     Mais il est, je suppose,
     Encor quelque autre chose,
      Et je dois savoir tout,
     Voyons donc jusqu'au bout,
    Allons, allons, ce n'est pas tout.
        THÉRÈSE.
   Eh! mon Dieu, ce n'est pas tout...
        KERJOBEC,
  Comment, comment, ce n'est pas tout...
        THÉRÈSE.
Cherchons bien: c'est donc à cause

   Du grand boucher monsieur Rose,
  Qui l'autre soir vint me parler
Pour son mémoire qu'il désirait régler,
        FANFARE.
   Pour son mémoire!
        THÉRÈSE.
  Si c'était, oui, j'y pense,
  Pour cette correspondance
Avec le fils de Jean Leblanc,
  Sachez qu'il est savant
  C'est dans le but utile
  De former mon style,
        FANFARE.
Dans ceci je ne vois rien...
   C'est bien.
  Mais il est, je suppose, etc.
        THÉRÈSE.
  Par exemple, Paul Lerond,
  Le marchand de volaille.
        FANFARE.
  Un assez beau garçon?...
        THÉRÈSE.
  En quelque endroit que j'aille
Me suit partout.
        FANFARE.
    Ah! le vaurien,
        THÉRÈSE,
Et quant à l'empêcher de me prendre la taille,
Ah! monsieur, pas moyen...
        FANFARE.
         Pas moyen...
  C'est bien, c'est bien, etc.

THÉRÈSE. Et puis, il y a vous... Ce baiser que vous m'avez pris, ce matin, malgré
moi...

FANFARE. Ça ne compte pas... et s'il
n'y avait que cela... il me serait facile de
réparer le dommage; mais c'est vous qui
l'avez voulu... c'est vous, ce matin, qui
m'avez défié! qui m'avez renvoyé...

THÉRÈSE. Et c'est par vengeance que
vous m'avez fait tout cela... je le devine
maintenant... je devine tout.

FANFARE. Non, vous ne devinez pas
tout... Silence!...

Il s'avance à pas de loup vers le lit.

THÉRÈSE. Eh bien! que faites-vous là?..
vous jetez mon mari par la fenêtre!...

FANFARE. Pour le rendre à la vie...
L'air, le grand air, et trois mots magiques
que je viens de prononcer, lui ont rendu
son physique endommagé, et toutes ses
qualités intellectuelles, ce qui n'a pas été
long; et, par un chemin de fer invisible
et aérien, je viens de le transporter là,
dans ce cabinet, où il a tout entendu...
Paraissez...

THÉRÈSE, *poussant un cri.* Ah!...
        Elle s'enfuit.

SCENE XIII.
FANFARE, KERJOBEC.

KERJOBEC. Il me semble que je viens
de tomber d'un septième étage!... Je suis

inanimé !.. Ce Jacques Lerond, qui lui prend la taille, et qui ce matin encore m'a pris la main !... Scélérat! reviens-y !. Et ce gueux de Jean Leblanc, qui me doit trois cents francs ! Je remettrai demain son effet à l'huissier, et je le fais plonger dans un cachot malsain... dont l'humidité contrastera avec la sécheresse de son ame !... Polisson !.. Et puis des chaînes aux pieds et aux mains... Ah! tu veux porter les fers de la femme !.. C'est ceux de l'époux que tu porteras !.... Et cet infâme boucher chez qui je me fournis... que je le rencontre, et je me charge d'aplatir ses côtelettes... Dieu! qu'est-ce qui me prend?.. C'est une monomanie de suicide !..

Il se donne des coups de poing.

FANFARE, *à part.* La dose a été assez forte ; apportons le calmant... (*Haut.*) Eh bien! mon brave homme, vous voilà bien échauffé !..

KERJOBEC. Il n'y a peut-être pas de quoi !.. Non, je ne suis pas vexé !... c'est le chat !.. Et vous, qui riez... taisez-vous, parce que ce baiser de ce matin... Mais je suis donc environné de loups dévorans !... Et je ne m'en doutais pas !... Et pour apprendre toutes ces choses-là, ça m'a coûté cinquante francs !..

FANFARE. Ne vous plaignez pas, j'ai refusé de prendre le reste.

KERJOBEC. Eh ! qu'importe ! J'en donnerais deux fois, six fois autant, pour ne rien savoir.

FANFARE. Je les prends !

KERJOBEC. Vous les prenez?.. un moment !..

FANFARE. Et je vous rends votre repos, votre tranquillité !...

KERJOBEC. Comment voulez-vous, à présent?...

FANFARE. C'est mon affaire... La vôtre est de tenir la somme à ma disposition... Ça sera le présent de noces.

KERJOBEC. Touchez là... c'est dit... Maintenant...

FANFARE. Comment! jobard que vous êtes !... vous ne voyez pas que la scène dont vous venez d'être témoin tout-à-l'heure était concertée, arrêtée et convenue entre votre femme et moi?...

KERJOBEC. Il serait vrai?..

FANFARE. Elle a été bien jouée... voilà tout... Je m'en vante, par moi et par votre femme, qui va très-bien...

KERJOBEC. Vous trouvez?.. Et ce philtre merveilleux?.. Voici la bouteille... il en reste encore.

FANFARE. C'est tout bonnement de votre cognac... qu'elle m'avait donné. (*Allant prendre la grande bouteille.*) Comparez et avalez-moi ça...

KERJOBEC. Il y a identité... Aussi je reconnaissais le goût...

FANFARE. Tout cela était pour se moquer de vous et pour vous faire enrager.

KERJOBEC. Et pourquoi me faire enrager?

FANFARE. Pourquoi ?.. pour deux raisons.... la première, c'est que vous avez osé soupçonner sa vertu...

KERJOBEC. C'est vrai... j'ai eu tort...

FANFARE. La seconde, c'est que vous voulez absolument marier votre nièce au maire de la commune.

KERJOBEC. C'est ma femme.

FANFARE. C'est vous.

KERJOBEC. Si on peut dire !..

FANFARE. Parce qu'elle n'a pas voulu se charger d'une rupture avec la première autorité du pays... elle exige que ce soit vous.

KERJOBEC. Moi !...

FANFARE. Et c'est tellement vrai..., qu'elle me disait tantôt : L'accident qu'il redoute lui arrivera... s'il ne va pas dès ce soir tout rompre avec notre voisin.

KERJOBEC. J'y cours.

Il sort.

SCÈNE XIV.

LE MÊME, THÉRÈSE.

THÉRÈSE, *entr'ouvrant la porte.* Est-il parti?

FANFARE. Pauvre boulangère! comme la voilà pâle!

THÉRÈSE. Ah! monsieur, troubler ainsi un ménage !..

FANFARE. Ouvrir les yeux à un mari qui n'y voyait rien !..

THÉRÈSE. C'est affreux !... c'est indigne !...

FANFARE. Allons, allons, la petite mère, remettez-vous... on en reviendra. Un docteur comme moi a des remèdes souverains pour tous les maux.

THÉRÈSE. Quand il n'y a plus d'espoir !...

FANFARE. C'est le moment où la faculté triomphe... (*Lui prenant la main.*) Et voyons... La malade n'est pas si mal... Un peu d'élévation dans le pouls... un reste d'irritation... parce que nous avons été irritée... nous l'avons été contre un brave garçon... un garçon d'esprit... qu'il valait mieux avoir pour neveu que pour ennemi... C'est un tort... le comprenez-vous maintenant?

THÉRÈSE, *baissant les yeux.* Hélas! oui.

FANFARE, *lui tenant toujours la main.*
Aussi cela va mieux, la peau est meilleure... (*Lui caressant la main.*) Elle est bien douce, elle est bien gentille... (*La portant à ses lèvres.*) Et j'aurais, je crois, une ordonnance qui vous guérirait radicalement.

THÉRÈSE, *vivement.* Laquelle?

FANFARE. Une poudre merveilleuse...

THÉRÈSE. Que l'on prend?

FANFARE. Non.... que l'on jette aux yeux des maris, et par laquelle ils n'ont rien vu, rien entendu.

THÉRÈSE. Ça serait possible!..

FANFARE. Vous comprenez qu'ici il faudrait l'employer à haute dose, et que c'est plus cher.

THÉRÈSE. Quel prix?

FANFARE, *lui reprenant la main.* Je pourrais en ce moment en exiger un... que... Mais je n'en ai pas deux, je ne surfais jamais, et vous savez qu'avec moi on ne gagne rien à marchander.

THÉRÈSE. Eh bien! monsieur, que voulez-vous?

FANFARE. Votre amitié.

THÉRÈSE. Que cela?

FANFARE. L'amitié de ma tante!..

THÉRÈSE. J'entends... la main de ma nièce. Et en revanche, vous me rendrez...

FANFARE. L'amour de votre mari, sa confiance entière... confiance imperméable... et votre vertu aussi complète, aussi intacte qu'autrefois... même plus... Est-ce dit?... est-ce conclu?...

THÉRÈSE, *lui tendant la main.* Touchez là.

FANFARE, *lui donnant un baiser sur la joue.* Non... ici... (*Apercevant du coin de l'œil Kerjobec qui entre.*) Et je donne le coup de baguette... Paraissez!

SCÈNE XV.

LES PRÉCÉDENS, KERJOBEC *et* GENEVIÈVE, *qui entre derrière lui.*

KERJOBEC, *courant à sa femme.*
Ma femme!.. ma femme!.. j'embrasse tes genoux, et je te demande toutes sortes de pardons.

FANFARE, *bas, à Thérèse.* Qu'ai-je dit?.. l'effet de la poudre!..

KERJOBEC. Je t'ai obéi.

GENEVIÈVE. Il vient de se fâcher avec le maire.

KERJOBEC. Ça m'est bien égal!... J'ai rompu avec lui, et tu peux marier ta nièce à qui tu voudras.

THÉRÈSE, *étonnée.* Comment!

FANFARE. Toujours l'effet de la poudre!.. (*Passant entre eux deux.*) Et vous ne chercherez plus, j'espère, à éprouver une fidèle épouse?...

KERJOBEC. Jamais... ça coûte trop cher... d'abord ce que je vous ai payé... et puis c'est pas tout... ce maudit chat noir... on l'a vu jeter par ma fenêtre, et la voisine me demande des dommages et intérêts. Si ça n'est pas une horreur... vouloir me condamner à quinze francs d'amende ou à le rétablir dans l'état où il était! (*Le tirant de sa poche.*) Je vous demande si c'est possible!..

FANFARE, *gravement.* Pourquoi pas?.. J'ai fait des choses plus difficiles.

KERJOBEC. Vous croyez?... par la vapeur?...

FANFARE. Rien de plus simple, ça vous reviendra à une cinquantaine d'écus.

KERJOBEC. Alors j'aime mieux payer l'amende. Maudite bête! qui m'aura porté malheur... (*Se reprenant vivement.*) Non, non, au contraire... puisqu'elle m'a donné une nouvelle preuve de la tendresse de ma femme. Et maintenant je verrais de mes propres yeux, que ça me serait égal; j'en hausserais les épaules de pitié!

FANFARE, *bas, à Thérèse.* Que vous avais-je promis?

KERJOBEC, *montrant le chat noir.* Malgré ça, dites donc, si j'avais été comme ça... hein?... aurais-je eu l'air bête! et qu'est-ce qu'on aurait fait de moi?..

FANFARE. Un civet.

KERJOBEC. C'est possible. Par exemple, j'aurais pas voulu en manger, car je dois être dur... je suis sûr que je suis dur à cuire.

THÉRÈSE. Pas tant...

CHŒUR.

AIR :

Au chat, au chat, au chat
Reconnaissance, hommage !...
Nous devons le contrat
De notre mariage
Au chat, au chat, au chat.

FIN.

www.ingramcontent.com/pod-product-compliance
Lightning Source LLC
Chambersburg PA
CBHW050725070726
47597CB00009B/3796